名师出高图

U0607396

乒乓球
入门到精通

《名师出高图》编写组 编

本书主编：郭 磊 张志华

TABLE
TENNIS

化学工业出版社
·北京·

图书在版编目（CIP）数据

乒乓球入门到精通／《名师出高图》编写组编 ． —北京：化学工业出版社，2016.5（2025.7重印）
（名师出高图）
ISBN 978-7-122-26493-0

Ⅰ．①乒… Ⅱ．①名… Ⅲ．①乒乓球运动－基本知识 Ⅳ．① G846

中国版本图书馆CIP数据核字（2016）第046927号

责任编辑：宋　薇　　　　　　　　装帧设计：张　辉
责任校对：陈　静

出版发行：化学工业出版社
　　　　　（北京市东城区青年湖南街13号　邮政编码100011）
印　　装：河北尚唐印刷包装有限公司
850mm×1168mm　1/32　印张5　字数165千字
2025年7月北京第1版第10次印刷

购书咨询：010-64518888
售后服务：010-64518899
网　　址：http://www.cip.com.cn
凡购买本书，如有缺损质量问题，本社销售中心负责调换。

定　　价：29.80元

TABLE TENNIS

前 言

乒乓球素来以中华人民共和国的国球著称，是一项以技巧性为主，体能素质为辅的技能型运动项目。因为乒乓球运动对场地和器材的要求不高，对健身者身体条件的要求也相对宽松，所以无论男女老幼通过学与练均可以收到良好的健身效果。

《乒乓球入门到精通》与你分享的内容有：包括场地与器材细节在内的乒乓球基础知识；包括握拍、站位、击球、步法、发球、接发球、推挡球、攻球、搓球、削球、弧圈球、反弹球、杀高球、挑打球和直拍横打等在内的乒乓球基本技术；包括比赛规则、配对原则、站位原则、移动方法、攻防战术在内的乒乓球双打技术；包括发球、击球、失分、一局比赛、一场比赛、次序和方位、间歇在内的乒乓球竞赛规则要点。

《乒乓球入门到精通》想帮你解决的问题是：

如何学会打乒乓球；

如何能够打好乒乓球；

如何既能单打又能双打；

如何才能看懂乒乓球比赛。

TABLE TENNIS
目 录

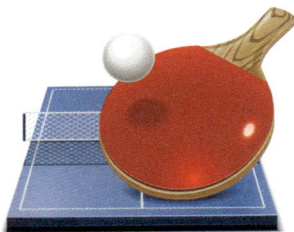

基础知识篇

基础技术篇

双打技术篇

附录　竞赛规则要点

TABLE
TENNIS

基础知识篇

TABLE TENNIS
第1部分 球台

（1）球台的上层表面叫做比赛台面，应为与水平面平行的长方形，长2.74米，宽1.525米，高76厘米。

（2）比赛台面不包括球台台面的侧面。

（3）比赛台面可用任何材料制成，应具有一致的弹性，即当标准球从离台面30厘米高处落至台面时，弹起高度应约为23厘米。

（4）比赛台面应呈均匀的暗色，无光泽，沿每个2.74米的比赛合面边缘各有一条2厘米宽的白色边线，沿每个1.525米的比赛台面边缘各有一条2厘米宽的白色端线。

（5）比赛台面由一个与端线平行的、垂直的球网划分为两个相等的台区，各台区的整个面积应是一个整体。

（6）双打时，各台区应由一条3毫米宽的白色中线划分为两个相等的"半区"。中线与边线平行，并应视为右半区的一部分。

TABLE TENNIS

第2部分　球网装置

（1）球网装置包括球网、悬网绳、网柱及将它们固定在球台上的夹钳部分。

（2）球网应悬挂在一根绳子上，绳子两端系在高15.5厘米的直立网柱上，网柱外缘离开边线外缘的距离为15.25厘米。

（3）整个球网的顶端距离比赛台面15.25厘米。

（4）整个球网的底边应尽量贴近比赛台面，其两端应尽量贴近网柱。

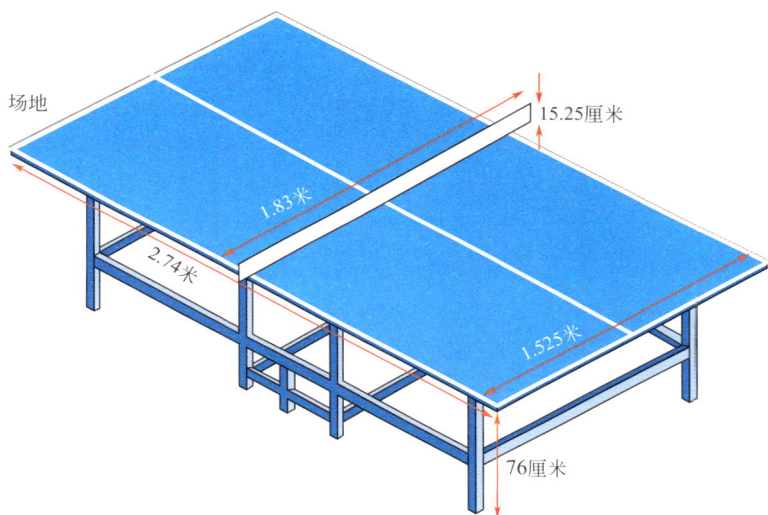

场地

15.25厘米

1.83米

2.74米

1.525米

76厘米

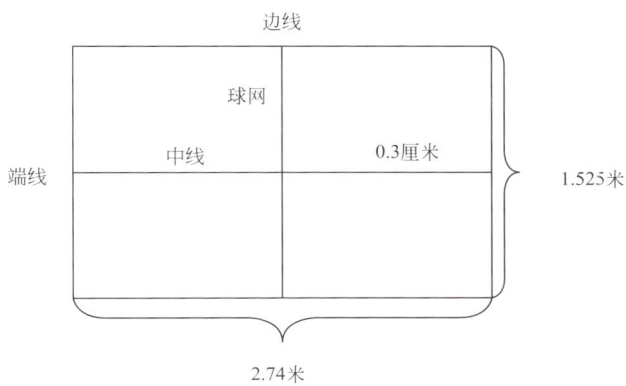

边线

球网

中线　　　　0.3厘米

端线

1.525米

2.74米

TABLE TENNIS
第3部分 球

（1）球应为圆球体，直径为38毫米。

（2）球重2.5克。

（3）球应用赛璐珞（硝化纤维塑料）或类似的材料制成，呈白色、黄色或橙色，且无光泽。

TABLE TENNIS

第4部分　球拍

（1）球拍的大小、形状和重量不限，但底板应平整、坚硬。

（2）底板厚度至少应有85%的天然木料，加强底板的黏合层可用诸如碳纤维、玻璃纤维或压缩纸等纤维材料，每层黏合层不超过底板总厚度的7.5%或0.35毫米。

（3）用来击球的拍面应用一层颗粒向外的普通颗粒胶覆盖，连同黏合剂厚度不超过2毫米；或用颗粒向内或向外的海绵胶覆盖，连同黏合剂厚度不超过4毫米。

- "普通颗粒胶"是一层无泡沫的天然橡胶或合成橡胶，其颗粒必须以每平方厘米不少于10颗、不多于50颗的平均密度分布于整个表面。
- "海绵胶"即在一层泡沫橡胶上覆盖一层普通颗粒胶，普遍颗粒胶的厚度不超过2毫米。

（4）覆盖物应覆盖整个拍面，但不得超过其边缘。靠近拍柄部分以及手指执握部分可不予以覆盖，也可用任何材料覆盖。

（5）底板、底板中的任何夹层、覆盖物以及黏合层均应为厚度均匀的一个整体。

（6）球拍两面不论是否有覆盖物，必须无光泽，且一面为鲜红色，另一面为黑色。拍身边缘上的包边应无光泽，不得呈白色。

（7）由于意外的损坏、磨损或褪色，造成拍面的整体性和颜色上的一致性出现轻微的差异。只要未明显改变拍面的性能，可以允许使用。

（8）比赛开始时及比赛过程中运动员需要更换球拍时，必须向对方和裁判员展示他（她）将要使用的球拍，并允许他们检查。

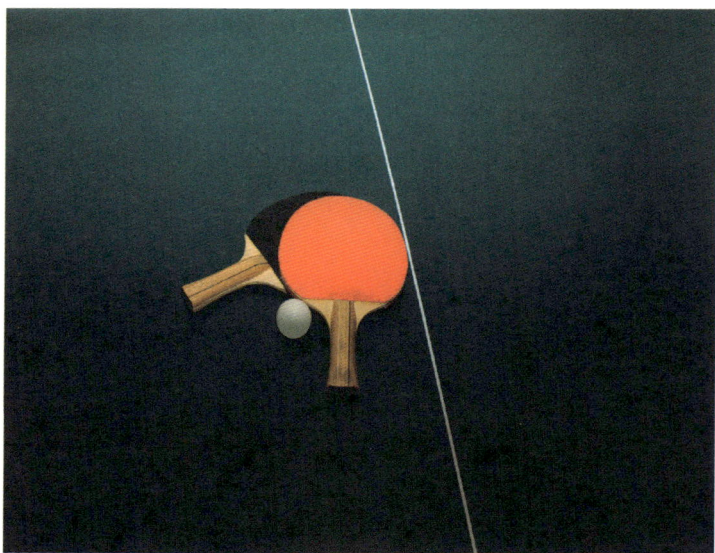

TABLE
TENNIS

基础技术篇

    乒乓球运动是一项个性化很强的运动，技术种类繁多，每个人的运用方式也千变万化，但都离不开基本技术的掌握。通过本章的学习，掌握乒乓球的正确握拍法、基本站位和站姿、发球和接发球等基本技术，你就可以在比赛中寻找属于自己的乐趣了。

TABLE
TENNIS

第1部分　握拍技术

对于乒乓球运动员来说，球拍就是身体的延伸，追求的目标是"人拍合一"。而这延伸的紧密与否，关键在于握拍是否合理。

握拍是乒乓球所有技术的起点，既要与打法风格相匹配，又要有利于手臂、手腕和手指的灵活运用。目前，握拍主要有直握和横握两种。

1. 直拍握法

直拍握法分为3种方式：标准式、大钳式和小钳式。

● 标准式

食指自然弯曲，食指的第二指节和拇指的第一指节分别压住球拍两肩。

其他三指自然弯曲叠放，中指的第一指节侧面顶在球拍背面约1/3处。

除直拍横打之外，正反手都会用球拍的同一面击球，这样做的好处是转换时间少、出手快；正手攻球快速有力，攻斜、直线时拍形变化不大，对手不易判断；手指、手腕的运用空间较大，在发球变化、处理台内小球和追身球时相对有利。

（1）大钳式

握拍时拇指与食指的距离较大。这种握法能有效保证球拍的稳定，利用上臂和前臂集中发力，因此正手进行进攻尤其是中远台攻球比较有力。

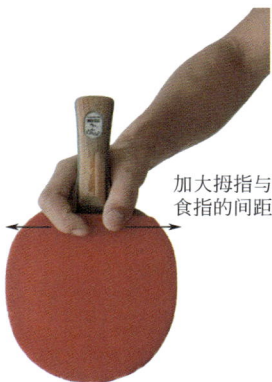

加大拇指与食指的间距

（2）小钳式

拇指与食指间距离较小，握拍较浅。这种握法的优缺点正好与大钳式相反，尤其是正手回接弧圈球时比较困难，不容易实现高压击球。

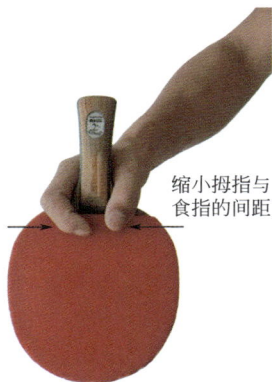

缩小拇指与食指的间距

正手攻球时只有拇指和中指协调用力才能控制好拍形。食指要放松，用中指的指尖顶住球拍背面，保证持拍的稳定性。

正手推挡时，拇指放松，食指和中指要协调用力。以中指发力为主，食指和拇指主要起到的是保持正确拍形的作用。

2. 横拍握法

横拍握法可分为深握和浅握两种：虎口紧贴拍柄正侧面的是"深握"；虎口稍离开拍柄肩侧的是"浅握"。

用中指、无名指和小指自然握住拍柄，拇指在球拍正面轻贴在中指旁。

食指自然伸直斜放于球拍的反手面虎口正中央贴拍柄正侧面。

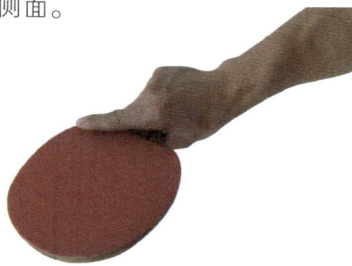

深握时的拍形比较容易固定，发力相对集中；浅握时手腕比较灵活，更容易处理台内球。

正手攻球时，食指的第一关节顶住拍背面；反手攻球时，拇指顶住拍面。

关键点提示：握拍注意事项

① 无论采用何种握拍方法，握拍时手都不应过紧或过松。握拍过紧会使手腕僵硬，影响发力时手腕的动作；握拍过松会影响击球的力量和击球的准确性。

② 握拍不宜太浅。直拍握法时，食指和拇指形成的钳形不能过大也不能过小，否则会影响手腕动作的灵活性。

③ 在变换击球的拍面、调节拍面角度时，要充分利用手指的灵活性。

④ 不应经常变化握拍方法，否则会影响打法类型及风格的形成，初学者需要特别注意这一点。

TABLE TENNIS

第2部分　基本姿势和站位

为了便于回击各种不同落点和性能的球，在每次击球前，力求使自己处于相对固定的位置，以充分发挥个人的打法特点，所保持的相对稳定的姿势就是基本站姿，所站的相对固定的位置就是基本站位。

1. 基本站姿

两脚开立，前脚掌内侧用力抓地，两脚间距离比肩稍宽。两膝微屈并稍内扣，上体略前倾，重心置于两腿之间。下颌稍后收，两眼注视来球。以右手握拍为例，持拍向左成半横状，手臂保持自然弯曲，置于身体右侧，肘略外张，手腕放松，将球拍向左成横状，使拍形保持自然后仰。球拍置于腹前，离身体20 ～ 30厘米。做到"注视来球，上体微倾，屈膝提踵，重心居中"。

两脚开立比肩略宽是为了稳定身体重心，保持身体的稳定性。两脚前脚掌抓地才可以直接蹬地、快速移动，从而有效缩短移动时间。

2. 基本站位

基本站位是指站在一个大致的范围内，而不是站在一个固定的点上。不同打法的基本站位范围大小不同。

基本站位因人而异，要根据每个人的身体条件以及对方的打法特点来调整。

● 直拍基本站位 　　　　　● 横拍基本站位

正对台面 　　　　　　　　侧对台面

TABLE TENNIS

第3部分　击球的标准动作

1.直拍正手击球的标准动作

站位：两脚开立，左脚略在前，双膝微屈，含胸收腹，上身稍向前倾。

站位

引拍：眼睛注视来球，同时向右侧后方引拍。

挥拍击球：挥拍击球时，以左脚为轴，腰部向左转动带动手臂向前、向上挥动，手臂挥动过程中重心逐步移至左脚。

挥拍击球

2. 横拍正手击球的标准动作

站位：两脚开立，双膝微屈，含胸收腹，上身稍向前倾。

站位

引拍：眼睛注视来球，向右侧后方引拍。

　　挥拍击球：挥拍击球时，以左脚为轴，腰部向左转动带动手臂向前、向上挥拍，手臂挥动过程中重心逐步移至左脚。

挥拍击球

3.直拍反手击球标准动作

站位：两脚平行站立，双膝微屈，含胸收腹，上身稍向前倾，右手持拍，右臂自然弯曲并内旋。

站位

引拍：眼睛注视来球，向后方引拍。

引拍

挥拍击球：挥拍击球时，前臂向前，以拍面迎球。

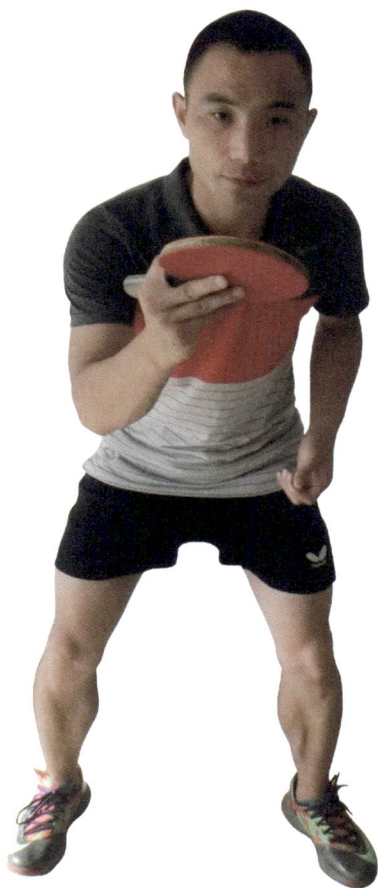

挥拍击球

4.横拍反手击球标准动作

站位：两脚开立，左脚略靠前，双膝微屈，含胸收腹，上身稍向前倾，右臂自然弯曲。

引拍：眼睛注视来球，向腹前引拍。

挥拍击球正面

挥拍击球 : 挥拍击球时，小臂向前、向上挥拍。

挥拍击球侧面

TABLE TENNIS

第4部分　基本步法

　　乒乓球运动中的几乎每一次击球都是从移动开始的。因此，要尽量用最经济、最快速的方法移动到合适的位置。在移动过程中，尽量保持身体重心的平衡，不宜有过大的起伏，移动时动作要协调，击球瞬间身体要保持稳定。

小常识：步法到底有多重要

　　人与球的关系不仅在于打球时的手法，很多时候是因为步法出了问题，不能保证回球动作的准确性，造成击球质量大打折扣。

1.单步移动技巧

● 单步的移动过程

　　以一只脚为轴，另一只脚可以向前、后、左、右不同方向移动。完成移动动作时，身体重心落在移动的脚上，再挥拍击球。

● 单步的特点和作用

　　重心平稳，移动范围小，大多用在来球离身体较近时。

1

2

3

2.跨步移动技巧

● 跨步的移动过程

一只脚向前、后、左、右不同方向跨出一大步，身体重心落到移动的脚上，另一只脚迅速跟进，再挥拍击球。

● 跨步的特点和作用

移动速度快，移动范围大，大多用在来球离身体较远时。

❶

跨步移动不适于自己主动发力，所以更多情况下用于借力还击。另外，因移动中常会降低身体重心，所以不适合连续使用。

❷

❸

3.跳步移动技巧

● 跳步的移动过程

远离球的脚发力蹬地，两脚同时离地向来球方向跳动。蹬地用力大的脚先着地，另一脚跟着落地站稳，再挥臂击球。

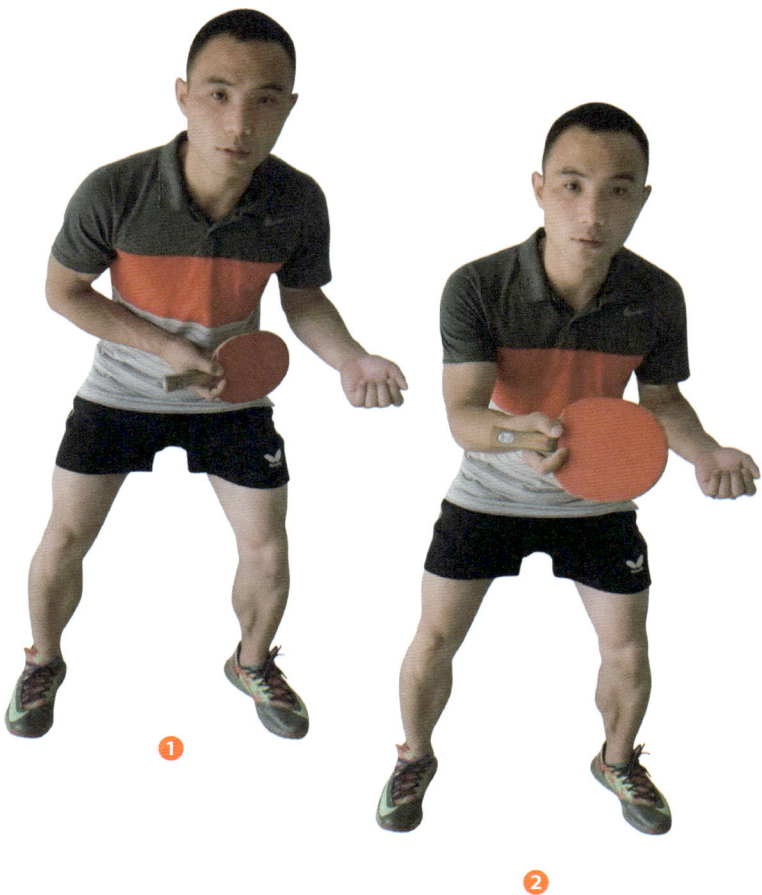

● 跳步的特点和作用

重心变换快，移动范围大，可连续回击来球，大多用在来球离身体较远时。

❸

❹

4.交叉步移动技巧

● 交叉步的移动过程

　　离球远的脚迅速向左、右、前、后跨出一大步，另一脚向同方向迈出跟进，挥臂击球后还原。

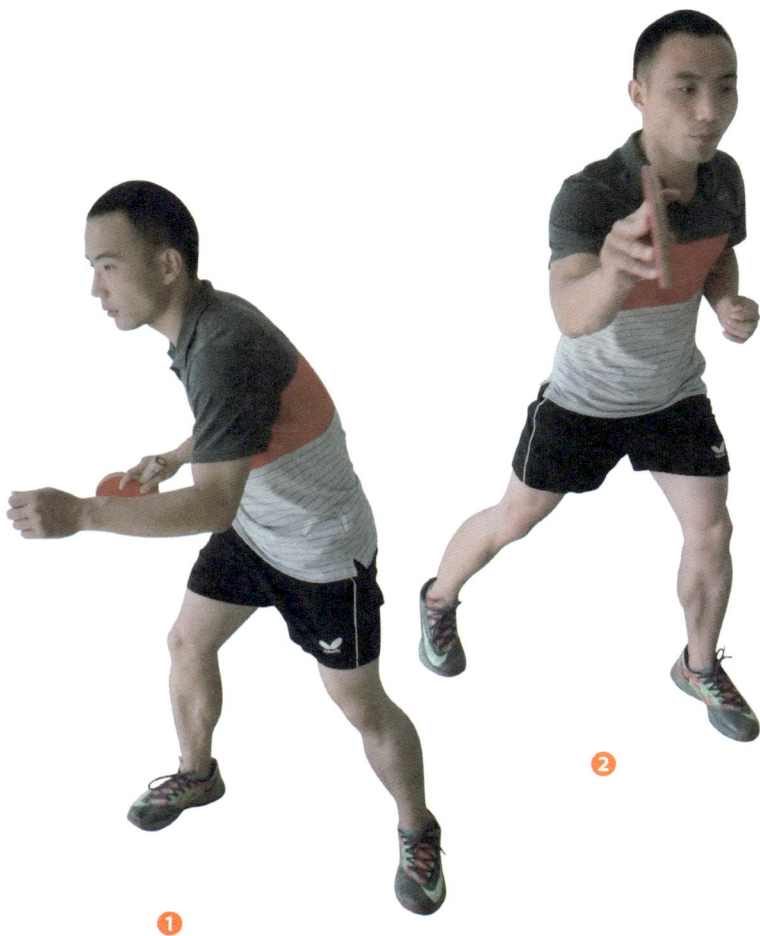

❶

❷

● 交叉步的特点和作用

　　移动范围比较大，在左半台正手侧身进攻后，大多用在回击角度大、速度较快的来球时。

❸

❹

033

5. 侧身步移动技巧

● 侧身步的移动过程

当来球落点在自己的反手，而想要采用正手攻击时，可以通过侧身步移动的方法实现侧身让位。

① 跨步侧身移动：左脚先向左前方跨一步，同时以左脚的前脚掌为轴转体，右脚随转体向左后方移动一步，重心落在右脚上。

② 跳步侧身移动：右脚蹬地，两脚同时离地，向左侧跳动，腰和髋同时扭转侧身让位。

③ 并步侧身移动：右脚向左脚后面移动一步，左脚跟着向左斜后方移动一小步跟进。

● 侧身步的特点和作用

侧身步移动主要用于发球抢攻、接发球抢攻及在相持中的抢攻时。

1

2

3

TABLE TENNIS

第5部分　发球技术

　　发球是乒乓球比赛中每一分球的开始，是所有乒乓球技术中唯一不受对方来球制约的技术动作，可以最大限度地发挥自己的技术水平，展现自己的战术意图，是最具主动性的技术动作。

序号	分类依据	发球技术名称
1	发球是否旋转	平击发球 奔球 转与不转发球 侧上下旋发球
2	发球的动作方式	正手发球技术 反手发球技术 下蹲发球
3	抛球的高低	高抛发球 低抛发球

发球规则

　　无遮挡发球：在运动员发球时，球与球拍接触的一瞬间，击球点与两侧网柱连线所形成的虚拟三角形之内和一定高度的上方不能有任何遮挡物，并且其中一个裁判员要能看清运动员的击球点。

　　① 抛球手迅速移开。以前运动员的发球，击球点多在抛球手的上方或与抛球手基本上在同一个水平面上，造成抛球

手挡住击球点，在前方和裁判员的位置根本无法看到击球状态。对这一动作，要满足新规则的要求，在抛球后，抛球手要尽快离开击球点的前方。

②抛球路线不能过斜或过后。目前，运动员发球往往容易向身体内侧斜后上方抛球。这样，便于发力，发出高质量的旋转球，但是，也会造成身体对击球点的遮挡，特别是侧身发球。在新规则要求的操作中，抛球则不能太往后，一般在身体垂直轴附近容易让人看清。当然，像多数后手发球和下蹲发球，把击球点放在身体正面的也可以。

③身体位置与球台端线夹角成锐角状态，这样在发球时，上身对击球点遮挡的概率就会小许多，保险系数也就大多了。

④身体不要过于前倾。发球时，身体前倾过大，甚至有的运动员的上身与台面几乎在一个水平面上，就特别容易造成肩部由于来不及移动，遮住击球点。所以，在发球时，上身要直起来一些并略前倾，上身与下身的夹角至少要大于100度，才能较大限度地保证让人看清击球点。

⑤击球点适当下移。击球点靠上，容易使胸部由于转体不及时，挡住击球点。发球时，击球点最好在腹部高度。这样，受到转体对击球点清晰度的影响相对较小，发球时的击球点就更容易让人看得见。

特别提示

如果发出的球擦网了，擦网后，仍然落到对方的台面上，即使发出的球在球网上多次弹跳，或是碰到了网架，都只需要重新发球即可，而不判分；如果球擦网后出界了或直接落回了本方台面，就算发球失误，发球方将失去一分。注意，无论连续发球擦网多少次，只要属于前一种情况，都可以无限次连续重发球，而绝不会"擦网3次失1分"。

1. 正手平击发球

站位：身体距离球台约40厘米，两脚开立略宽于肩。
引拍：抛球时向后上方引拍，球拍拍面略向前倾。
挥拍击球：球拍向前、向下挥，击中球的中部略偏上位置。
还原：击球后迅速还原。

小常识：正手平击发球的技术要点

正手平击发球时抛球和引拍的时机要准确。挥拍击球时要有略微向前、向下压球的动作。

横拍正手平击发球的全过程

❶ 站位

❸ 挥拍击球

❷ 引拍

直拍正手平击发球的全过程

❶ 站位

❷ 引拍

小提示：

正手平击发球速度比较慢，力量比较轻，容易掌握。

❸ 挥拍击球

TABLE TENNIS　第5部分　发球技术

041

2.反手平击发球

站位：身体离球台约40厘米，两脚开立略宽于肩。

引拍：抛球时，右臂外旋，球拍的拍面要略向前倾，向左后上方引拍。

挥拍击球：当球从高点下降至稍高于球网时，瞄准球的中上部向右前方发力击球。

还原：击球后迅速还原。

横拍反手平击发球的全过程

❶ 站位

② 引拍

③ 挥拍击球

直拍反手平击发球的全过程

❶ 站位

2 引拍

3 挥拍击球

3. 奔球

奔球的特点是球速快、落点长、冲击力大、球的飞行弧线低。奔球的作用是通过偷袭对方的正手位有效遏制其侧身抢攻。

（1）直拍正手奔球

站位：站位要尽可能靠近球台。

引拍：抛球时拍向后引，球拍稍横立起，与发侧旋的动作相似，身体重心移至右脚。

❷引拍

❶站位

挥拍击球：击球时，球拍立起，向前方靠下的位置快速挥动，击打球的中部，击球点比较低，尽量使第一落点靠近本方球台的底线处，以便发出长球。

还原：击球后，尽可能缩小随挥的动作幅度。

❸ 挥拍击球

❹ 还原

击球点比较低，基本与球网同高。

第一落点要靠近本方球台的底线。

击球时要依靠手腕的弹力。

（2）直拍反手奔球

站位：靠近球台，右脚在前，左脚稍靠后。

引拍：抛球的同时球拍后引，手臂带动腰部向左侧转动，拍面要与地面垂直，手腕放松，身体重心在右脚。

挥拍击球：球拍向前挥动的同时加速，触球的瞬间变更发球线路的球拍角度，提高隐蔽性。

还原：挥拍时调整身体的重心和姿势，注意还原。

❶ 站位

小常识：直拍反手奔球的要点

击球点比较低。

发球的第一落点要靠近本方球台的底线。

充分利用手腕的弹力击球。

❷ 引拍

❸ 挥拍击球

TABLE TENNIS

第5部分 发球技术

049

（3）横拍正手奔球

站位：靠近球台，身体稍向前倾，左脚在前，右脚在后。

引拍：抛球时持拍手向后方引拍，拍面稍向前倾，手腕放松，腰稍向右侧转。

挥拍击球：以腰带手发力向前挥拍，触球的瞬间变更发球线路，提高隐蔽性。重心由右脚向左脚移动，球拍继续向前挥，重心落至左脚。

还原：注意动作还原。

❶ 站位

发球前先注意观察对方的站位，再决定自己的发球线路。

击球点比较低，基本与球网同高。

第一落点要靠近本方球台的底线。

用手腕的弹力击球。

❸ 挥拍击球

❷ 引拍

051

4.转和不转的发球

（1）直拍正手转与不转发球

站位：左脚在前，右脚在后，充分发挥腰部的力量。

引拍：抛球后，向后上方引拍，拍面后仰，手腕外展，腰部向后转。

挥拍击球：以腰带动手臂向前、向下挥拍，触球瞬间拍面后仰，手腕发力，身体微向前下方压。

还原：发球后挥拍动作尽可能停住，以利于还原。

❶ 站位

球拍触球的瞬间是决定发球是转或不转的关键。

发下旋时用球拍下半部偏前的部分摩擦球的中下部。

发不转的球时用拍的上半部撞击球的中下部。

TABLE TENNIS 第5部分 发球技术

❷ 引拍、挥拍击球

❸ 还原

053

（2）直拍反手转与不转发球

站位：站位近台，重心稍低，持拍手的肩部略低于对侧肩。

引拍：抛球时，持拍手向后上方引拍，拍面后仰，同时身体向左侧适当偏转，以便用力。

挥拍击球：球拍向前下方挥动，控制好球拍的角度。保证动作的连贯性和相似性。触球时多靠手腕用力。

还原：控制动作幅度，并注意还原。

❶ 站位

发下旋球时，用球拍的前半部去摩擦球的中下部，用手腕发力摩擦。

发不转球时，用球拍的后半部去撞击球的中下部，手腕和前臂要有送球的感觉。

❷ 引拍

❸ 挥拍击球

055

（3）横拍正手转与不转发球

站位：身体离球台约15厘米，降低重心，双膝微屈。

引拍：球抛起后，持拍手向后上方引拍，拍面适当后仰，手腕放松。

挥拍击球：横拍正手发球时，击球点高，发球的弧线会高，击球点低，发球可能不过网，所以只有当球下降到适当的高度时，持拍手要迅速用力由后上方向前下方挥拍击球。

还原：发球后要控制动作幅度，并注意还原。

❶ 站位

发下旋球时，用球拍的下半部摩擦球的中下部，触球瞬间，拇指、食指和手腕加强用力，对球做下旋的摩擦。

发不转的球时，用球拍的中下部去撞击球的中下部。

❷ 引拍

❸ 挥拍击球

（4）横拍反手转与不转发球

站位：身体靠近球台，重心稍低，持拍手的肩部要略低于另一侧的肩膀。

引拍：抛球时持拍手向后上方引拍，拍面后仰，身体稍向左侧转动，以便发力。

挥拍击球：球拍向前、向下挥动，挥拍时要控制好拍面角度，击球瞬间依靠手腕发力。

还原：控制动作幅度，并注意还原。

❶ 站位

发下旋球时，用球拍的前半部去摩擦球的中下部，依靠手腕发力。

发不转的球时，用球拍的后半部去撞击球的中下部，手腕和前臂体会向前送球的感觉。

❷ 引拍

❸ 挥拍击球

5.侧上旋、侧下旋发球

侧上旋、侧下旋发球的技术特点是球具有混合旋转的特质，易于在旋转和速度方面进行变化组合。实战应用中以侧下旋发球为主，配合侧上旋发球。侧上旋发球也可以作为奔球使用。

（1）直拍正手侧上、下旋发球

站位：左脚在前，右脚在后，身体侧对球台，重心降低。

引拍：球拍向上引，同时腰部后转，抛球手抬起。

挥拍击球：球拍向前、向下挥动，用腿部和腰腹的力量带动手臂，击球瞬间依靠手腕力量。

❶ 站位

引拍动作要充分，充分发挥身体转动的力量。

侧下旋发球时，球拍略后仰，摩擦球的内侧下部；侧上旋发球时球拍略立起，摩擦球的内侧中部。

击球过后，手腕可做外展的假动作。

❷ 引拍

❸ 挥拍击球

（2）直拍反手侧上旋、侧下旋发球

站位：两脚平行，或者右脚稍靠前。

引拍：抛球时向后上方引拍，手腕稍外展，球拍需要适当后仰，同时腰部后转，左脚微微抬起，将重心移至右脚。

挥拍击球：以腰发力带动手臂挥动，击球瞬间靠手腕发力，身体重心向左脚移动。

还原：发球后，迅速还原。

❶ 站位

需要充分利用好腰部力量。

发侧上旋球时，击球点在球拍向前下挥转而向横向侧上方挥动之前。

发侧下旋球时，击球点在球拍向前下挥动开始时。

❷ 引拍

❸ 挥拍击球

（3）横拍正手侧上旋、侧下旋发球

站位：左脚在前，右脚在后，身体侧向球台，重心降低。

引拍：当持球手将球抛起时，持拍手向身体的后上方引拍，身体随之向后移动，球拍需要稍后仰。

挥拍击球：挥拍前，持拍手的手腕应稍外展，球拍向前下方挥动。

还原：随挥的幅度不要过大，迅速还原。

侧上旋球

❶ 站位

❷ 引拍

引拍要充分，要发挥身体转动的力量。

发侧上旋球时，拍面由后仰逐渐变成稍横立状。触球时手腕向横侧方用力，并微微钩手腕，以加强上旋。

发侧下旋发球时，球拍略后仰，摩擦球的内侧下部。

触球时动作尽量一致，发力要集中。

TABLE TENNIS

第5部分 发球技术

❹ 挥拍击球2

❸ 挥拍击球1

（4）横拍反手侧上旋、侧下旋发球

站位： 两脚平行，或者右脚稍前。

引拍： 抛球时持拍手用肘的上提来引拍，球拍引向身后成横立状态，手腕内收。

挥拍击球： 向身体侧前方挥拍，手腕突然加力外展摩擦击球，身体向前压。

还原： 尽量缩短结束动作，迅速还原。

侧下旋球

❶ 站位

发侧下旋球时，球拍稍后仰，尽可能向前下方挥动。
发侧上旋球时，球拍稍立起，尽可能向侧方挥。
两个动作在击球点上要尽量靠近。

❷ 引拍

❸ 挥拍击球

067

6. 下蹲发球

站位：一般站在本方左半台处，在抛球时身体开始下蹲。

引拍：球拍向持拍一侧的肩上方引拍，引拍线路呈半弧状，球拍略后仰。

挥拍击球：在球下降至头上方时挥拍击球。

还原：尽量缩短结束动作，迅速还原。

❶ 站位

发侧下旋球时，击球点是在球拍向前下方挥动转向内侧变化之后。

发侧上旋球时，击球点是在球拍向横侧方变化之前。

击球时可以用球拍内侧摩擦球的外侧中上部或外侧中下部，也可以用球拍内侧摩擦球的内侧中下部。

两个动作在击球点上要尽量靠近。

TABLE TENNIS 第 5 部分 发球技术

❷ 引拍

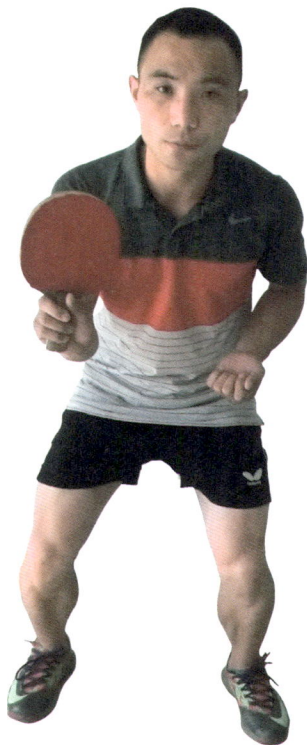

❸ 挥拍击球

069

TABLE TENNIS

第6部分　接发球技术

接发球是比赛中每一回合的第二板球，也是接发球方开始比赛的第一板球。这决定了接发球技术是一项反控制、求主动的技术，同时也是一项综合技术。

1. 判断接发球

对接发球的判断直接影响接发球的方式和接发球的质量，应该根据对方发球时的旋转性质、旋转强度、来球线路和落点等综合分析。

（1）从对方发球时的站位调整自己接发球的站位。

如在球台右角用正手发球，接球者应站在中线偏右处；若对方采用正手侧身发球，接球者应站在中线偏左处。

（2）观察对方发球前的引拍方向。

一般引拍方向与用力方向相反，引拍方向决定了旋转性质。

发下旋球时，球拍向上引；发左侧旋球时，球拍向右引；发奔球时，球拍向后引。

（3）观察球拍触球瞬间摩擦球的方向，判断来球的旋转性质。

球拍由上向下切球，为下旋；由左向右摩擦球，为右侧旋等。

（4）观察发球时挥臂的动作幅度和手腕用力大小，判断球的落点长短和旋转强弱。

挥臂幅度大则落点长；手腕用力大则旋转强。

发球时手腕向斜前方用力，一般是斜线球；发球时手腕由后向前用力，一般是直线球。

（5）根据发球的第一落点判断来球的长短。

发球的第一落点靠近发球方的端线一般是长球，靠近球网的则为短球。

（6）根据球在空中的飞行弧线判断球的旋转方向。

下旋球运行轨迹弯曲度小、速度慢；上旋球运行轨迹弯曲度较大、速度快，落在台面上以后有一定的冲力。

（7）根据手感判断来球的旋转。

在球拍触球的瞬间，如手感到球对拍的压力很小，而且有滑动感时，就是下旋球；如压力很大，吃球很实则是上旋球。

（8）记住不同性能球拍的颜色及性能。

有助于提高反应速度。

2. 接发球的站位

- 对方在球台的右角发球，很可能是把球发至本方反手位，或者发出右方大角度的球。因此，接发球的站位应在本方球台的中间或偏右。

- 对方在球台的左角发球，很可能是把球发至本方正手位，或者发出左方大角度的球。因此，接发球的站位应偏左些。

- 根据自己的打法特点和站位习惯采取远近适中的站位，以便对付或长或短的发球。

3. 接发球技术运用

针对不同的发球，需要用不同的方法回接。

（1）接平击发球

站位靠近球台，球拍对准来球的弹起方向，在来球刚刚弹起时：

- 用平挡的方式回接，拍形基本与台面垂直，借来球的力量将球挡回。
- 用快推的方式回接，以借力为主，并配合向前推击。
- 用快攻的方式回接，击球时间为上升期或高点期，以向前发力为主，略带向前上方摩擦球。
- 用前冲弧圈球的方式回接，击球时间为上升后期或高点期，以向前用力为主。

（2）接奔球

- 用正反手攻球或推挡的方式回接，拍面应该适当前倾，击球的中上部，调节好向前的力量。
- 如用削球的方式回击时，应后退一些，等球速减慢一点再回击。

（3）接下旋球

- 用拉球的方式回接，击球时间为下降前期，要多向上用力，增加摩擦球的力量，若来球下旋强烈，拍形还可稍后仰。
- 用推挡的方式回接，拍形需要稍后仰，在下降前期击球，触球瞬间要有通过小幅度扭转手腕形成的向上摩擦球的动作。
- 用搓球的方式回接，根据来球的下旋强度，调整拍形和用力方向，来球下旋强烈时，拍形后仰，多向前用力，

来球下旋不强烈时，要减少拍形后仰幅度，稍增加向下用力。

（4）接侧旋球

接侧旋球时一定要调节好拍形和用力方向，拍形偏转幅度、用力方向和用力大小应因球而异：

- 对方发左侧旋球，拍形应偏向对方右角，并稍向对方右角用力。
- 对方发右侧旋球，拍形应偏向对方左角，触球时稍向对方左边用力。

（5）接侧上旋、侧下旋球

- 接侧上、下旋球，既要注意抵消来球的侧旋，又要设法克服来球的上、下旋。
- 接左侧上旋球，拍形应偏向对方右角并稍向前倾，触球时稍向对方右下方用力。
- 接好侧上旋、侧下旋球的前提是判断要准确，必须多从实践练习中总结经验。

（6）接转与不转球

在判断来球转与不转准确的前提下，应根据自己准备的应对方法调整技术动作。

- 用攻或拉的方式接不转的球时，拍形要略向前倾，在上升期击球，多向前用力。
- 用搓或削的方式接不转的球时，拍形要垂直，遇来球下旋强烈时拍形应稍后仰，在下降前期击球，多用力向上摩擦球。
- 用搓或削的方式接下旋球时，拍形要后仰，多向前用力。

TABLE TENNIS

第7部分　推挡球技术

小常识：什么是推挡球

推挡球包括推球和挡球两部分，是左推右攻型打法的主要技术之一，也是其他类型打法不可缺少的辅助技术。推挡球站位近、运作小、速度慢、落点变化多，也有一些旋转变化。各种推挡技术配合使用时，能利用速度、落点和旋转变化争取主动创造进攻机会。在被动或相持时可起到积极防守的作用，并可变被动、相持为主动。推挡球可分为平挡、快推、加力推、减力推、推下旋和推侧旋等。

1. 挡球

挡球也称平挡，分为正手挡球和反手挡球两种，是初学者的入门技术，挡球动作简单，容易掌握。

（1）正手挡球

击球前：

- 选位：身体离球台40～50厘米，站位选在球台中间或偏左。
- 站位：两脚开立，左脚略靠前，两膝微屈，收腹含胸，上体略向右转。

● 引拍：右臂自然弯曲并内旋，使拍面接近于垂直状态，球拍置于身体右侧前方。来球从台面弹起后，前臂向前，用拍迎球。

击球时：

在来球的上升期，以接近垂直的拍形推击球的中部。击球瞬间只有前臂和手腕轻轻用力，借助来球的反弹力将球挡回。

击球后：

手臂顺势向前挥动，并迅速还原成准备姿势。

击球

引拍

（2）反手挡球

击球前：

- 选位：身体离球台40～50厘米，站位在球台中间或偏左。
- 站位：两脚开立，比肩稍宽，右脚略前或两脚平站，两膝微屈，收腹含胸，上体略向左转。
- 引拍：右臂自然弯曲，引拍至身体前方或略偏左，同时

引拍

前臂外旋，使拍形接近于垂直状态。前臂向前，以拍迎球。

击球时：

在来球的上升期，以接近垂直的拍形推击球的中部。击球瞬间只有前臂和手腕轻轻用力，借助来球的反弹力将球挡回。

击球后：

手和臂顺势向前挥动，并迅速还原成击球前的准备姿势。

击球

2. 快推

快推的特点是球速快、动作小、落点灵活，稍带上旋或不转，既可积极防守又可辅助进攻，是使用最多的一种反手推挡技术。

击球前：

- 选位：身体离台约40厘米，站位在球台中间或偏左。
- 站位：两脚平站或右脚略前，两膝微屈，收腹含胸，身体向前或略向左转，右上臂和肘关节靠近身体右侧。

迎球

- 引拍：手臂自然弯曲，引拍至身前或偏左，同时前臂外旋，使拍面稍向前倾，来球从台面弹起后，前臂和手腕向前或略向上挥拍迎球。

击球时：

在来球的上升前期，以稍前倾的拍形推击球的中上部。球拍击球瞬间，前臂和手腕自然向前或兼具向上发力，主要借用来球反弹的力量将球快速击回。

击球后：

手臂顺势向前挥动，并迅速还原成准备姿势。

击球

3. 加力推

加力推的特点是回球力量大、球速快、落点灵活，稍带上旋或不转。能遏制对方的进攻，迫使对方离台后退，陷于被动防守局面，创造进攻机会。与减力挡配合使用，更能控制和调动对方，取得主动，是威力最大的一种推挡技术。

击球前：

- 选位：身体离球台约50厘米，站位在球台的中间或偏左。
- 站位：两脚平站或右脚稍靠前，两膝微屈，收腹含胸，身体向前或略向左转。

选位、引拍

- 引拍：右上臂和肘关节靠近身体右侧，前臂外旋并向上提起，引拍至向前或偏左，与球网同高或略高，拍面稍前倾。来球飞越球网时，上臂、前臂和手腕向前，挥拍迎球的同时向左转腰和髋。

击球时：

在来球的上升后期或高点期，以前倾拍形推击球的中上部。击球瞬间，上臂、前臂和手腕向前下方发力推压，腰、髋辅助用力。

击球后：

手臂顺势向前下方挥动，并迅速还原成准备姿势。

击球

4. 减力挡

其特点是力量轻、动作小，能减弱来球的反弹力，所以回球的弧线较低、落点近、不旋转、向前的推进力比较弱。

小常识：减力挡的实战应用

减力挡大多用在对方来球力量大、对方站位较远、采用强烈上旋回击的情况下，用减力挡的方式回击能够调动对方前后奔跑，争取主动。

如推后配合攻球或加力推，效果更好。

选位、引拍

击球前：

- 选位：身体离球台约40厘米，站位在球台中间或偏左。
- 站位：两脚平站，或右脚略靠前，两膝微屈，收腹含胸，身体向前或略向左转。
- 引拍：右上臂和肘关节靠近身体右侧，手臂自然弯曲，引拍至身前或偏左，同时前臂外旋，使拍面稍向前倾。来球从台面弹起后，前臂和手腕向前挥拍迎球。

击球时：

在来球的上升期，以前倾拍形推击球的中上部。击球瞬间，前臂和手腕轻轻后移，以减小来球的反弹力，使球轻轻飞回。

击球后：

迅速还原成准备姿势。

击球

5. 推下旋

推下旋的特点是回球下旋且速度较快、弧线较低、落点远、球有下沉，对方回击时不能借力，并容易落网。

🏓 **小常识：推下旋的实战应用**

推下旋在遏制对方进攻的同时还能给自己创造进攻机会，是威力很大的一种推挡技术。但当对方来球力量较大、旋转较强时，使用推下旋会有一定困难。

选位、引拍

击球前：

- 选位：身体离球台约40厘米，站位在球台中间或偏左。
- 站位：两脚平站，或左脚稍前，两膝微屈，收腹含胸，身体向前或略向左转。
- 引拍：右上臂和肘关节靠近身体右侧，前臂略内旋并提起，引拍至身前或偏左，与球网同高或略高，拍面微后仰。来球从台面弹起后，前臂和手腕向前下方挥拍迎球。

击球时：

在来球的上升后期或高点前期推击球的中部。球拍击球瞬间，上臂、前臂和手腕用力使球拍向前下方摩擦球。

击球后：

手臂顺势向前下方挥动，并迅速还原成准备姿势。

迎球

085

6. 推挤

推挤的特点是球速快、弧线低，推斜线时角度大，带左侧下旋，对方回击时容易从左侧出界。由于球拍击球部位是在来球的微转区，所以是应对弧圈球的一种比较稳健和有效的技术。

击球前：

- 选位：身体离球台约40厘米，站位在球台中间或偏左。
- 站位：两脚平站或左脚略前，两膝微屈，收腹含胸，身体向前，右上臂和肘关节靠近身体右侧。

引拍

- 引拍：手臂自然弯曲，前臂上提并外旋，引拍至身前，使拍面稍前倾。来球从台面弹起后，前臂和手腕向左前下方挥拍迎球。

击球时：

在来球的上升前期，以稍前倾的拍形推击球的中上部。击球瞬间，前臂和手腕向左前下方发力。

击球后：

手臂顺势向左前下方挥动，并迅速还原成准备姿势。

击球

TABLE TENNIS
第8部分　攻球技术

攻球是指在击球方式上以撞击为主的进攻性技术，是乒乓球的主要得分技术，包括正手攻球和反手攻球。

1. 正手攻球

（1）直拍正手攻球

站位：判断来球，选好站位。

引拍：引拍时重心向右脚移动，向后下方引拍，需要注意球拍不要低于球台，右肩随转腰动作而略向下沉。拍形稍前倾，持拍的手拇指用力压拍，中指、无名指顶住球板。

挥拍击球：向前上方挥拍击球。

站位

引拍动作幅度不要过大，注意运用腰的转动来带动发力。
击球点在身体的侧前方。
要主动迎击来球。

引拍

挥拍击球

TABLE TENNIS 第 8 部分 攻球技术

089

（2）横拍正手攻球

站位：判决来球，选好站位。

引拍：引拍时，重心向右脚移动，向后下方引拍，球拍不要低于球台，右肩随转腰略下沉。拍形稍前倾，手腕发力。

挥拍击球：向前上方挥拍击球。

 **小常识：横拍正手攻球的技术要点**

引拍动作幅度不要过大，注意运用腰的转动来带动手臂发力。

击球点在身体的侧前方。

要主动迎击来球。

站位

引拍1

引拍2

挥拍击球1

挥拍击球2

2.反手攻球

（1）直拍反手攻球

站位：靠近球台，右脚略靠前。

引拍：拍向后方引，转体同时沉右肩，球拍与手臂基本保持在一条线上，肘关节和右肩略前顶。

挥拍击球：向前上方挥拍，球拍略前倾，击球点在身体的侧前方。转要时重心转至右脚，击球时用手腕发力。

还原：结束动作要与还原动作结合起来，迅速回位。

站位

判断来球，站位要正确。

引拍动作要和腰的转动结合起来。

动作过程中要注意前臂和手腕的用力。

挥拍击球

引拍

TABLE TENNIS 第8部分 攻球技术

（2）横拍反手攻球

站位：靠近球台，两脚平行。

引拍：拍向后方引，腹部侧转并内收，手腕内收的同时肘关节向前顶。

挥拍击球：球拍略向前倾，击球点在身体前方的侧向，向前上方挥拍，击球时以前臂发力为主。

还原：结束动作要与还原动作结合起来，迅速回位。

站位

判断来球，站位要正确。

引拍动作要和腹部的内收与转动结合起来。

动作过程中要注意前臂和手腕的用力。

挥拍击球

引拍

TABLE TENNIS 第8部分 攻球技术

3.侧身攻

站位：稍偏左台角一些，以利于快速侧身。

引拍：侧身时右脚蹬地，左脚向侧前方迈一步。身体右转，发力大小与转体幅度成正比，引拍至体侧。

挥拍击球：如果要打斜线，在身体侧击球的时间点可以稍晚些，或击球时间不变，球拍拍面向外稍撇一些；如果要打直线，在身体侧前方击球的时间点可以早一些，或击球时间不变，球拍拍面向内扣一些。

横拍侧身攻

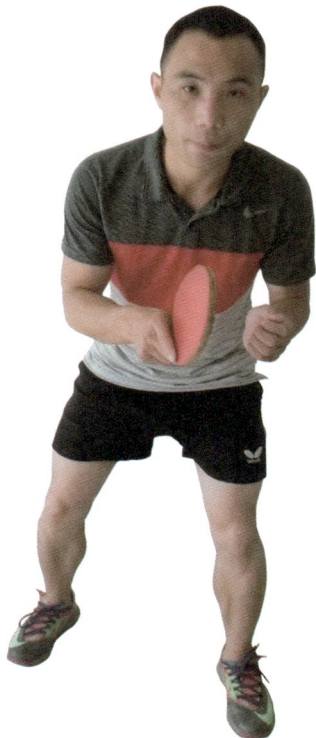

站位

如果是下旋球，球拍可以稍立起，引拍位置稍低些；
如果是上旋球，球拍角度可稍前倾一些，引拍位置稍高一些。

挥拍击球

引拍

直拍侧身攻

站位

挥拍击球

引拍

TABLE TENNIS
第9部分　搓球技术

搓球是近台和台内回击下旋球的一种比较稳健的方法，是各种类型打法必不可少的。搓球力量小、速度慢，旋转和落点变化多、线路短，球弹起后多在台内，缺乏前进力，对方不易发力进攻，因此可以作为过渡技术，用于创造进攻机会。因其动作与削球相似，又比较易学，可作为削球的入门技术。

1. 正手搓球

（1）直拍正手搓球

站位：判断来球，选好站位。

引拍：球拍向后上方引，球拍稍后仰。

挥拍击球：球拍向前下方挥动，用球拍的下半部摩擦球的中下部。触球时手腕适当加力，拇指发力。

还原：随势挥拍动作尽可能短。

小常识：直拍正手搓球的技术要点

直拍正手搓球的关键是要借力。

身体向前迎才能帮助手臂发力。

触球时手腕快速发力摩擦球。

慢搓是搓球的入门技术，慢搓时，击球瞬间在球的下降期。

快搓是比赛时的常用技术，快搓时，击球瞬间在球的上升期。

引拍

挥拍击球

（2）横拍正手搓球

站位：判断来球，选好站位。

引拍：向后上方引拍，拍面稍后仰。

挥拍击球：球拍向前下方挥动，用球拍的下半部摩擦球的中下部。击球时手腕适当加力，拇指用力明显。

还原：随势挥拍动作尽可能短，迅速还原。

引拍

横拍正手搓球的关键是要借力。

身体向前迎才能帮助手臂发力。

触球时手腕快速发力摩擦球。

慢搓是搓球的入门技术，慢搓时，击球瞬间在球的下降期。

快搓是比赛时的常用技术，快搓时，击球瞬间在球的上升期。

挥拍击球

2. 横拍反手搓球

反手搓球是下旋控制技术中的基本技术。其特点是动作幅度不大、出手较快、弧线低、落点变化丰富。

站位：判断来球，选好站位。

引拍：球拍向后引至腹前，手腕适当放松。

挥拍击球：挥拍时，拍面后仰，球拍向前下方搓出，击球时手腕发力，击球的中下部，拇指和食指略用力。

还原：随势挥拍动作尽可能短，便于还原。

站位

横拍反手搓球也需要借力发力。

摩擦球时的力量要集中。

慢搓时，击球的下降期。

快搓时，击球的上升期。

引拍

挥拍击球

TABLE TENNIS

第9部分 搓球技术

105

3.摆短

摆短技术是快搓技术的发展和延伸，是回接和控制对方近网下旋短球的有效技术。其特点是动作幅度小、出手快、回球短，正手侧身摆短时具有战术的隐蔽性。

（1）直拍、横拍正手摆短

站位：判断来球，右脚向前跨步，身体靠近球台。

引拍：向后略引拍，拍面稍后仰。

挥拍击球：球拍向前下侧方动，在来球的上升期，摩擦球

横拍正手摆短

引拍   挥拍击球

的中下部。触球时手腕适当发力，尽量将球回击在对方半台的近网处。

还原：击球后，退步还原。

 **小常识：直拍、横拍正手摆短的技术要点**

向前跨步要及时，同时需要保证手臂充分伸进台内。
摩擦球的动作要快而小，关键是注意借力发力。

直拍正手摆短

引拍

挥拍击球

107

（2）横拍反手短摆

站位：判断来球，右脚向前跨步，身体靠近球台。

引拍：向后略引拍，拍面稍后仰。

挥拍击球：球拍向前下侧方挥动，在来球的上升期，摩擦球的中下部。触球时手腕适当发力，力量不要太大，需要将回球控制在对方的近网处。

还原：击球后，退步还原。

站位

回球时用手腕控制击球的力量和弧度。

击球瞬间的动作要小，借力发力。

引拍

挥拍击球

TABLE TENNIS
第10部分　削球技术

削球技术突出的是旋转和落点的变化，是一种典型的防守性技术。削球时站位离台较远，击球时间较晚，控制球的稳定性较好。但对于进攻型选手而言使用率很低。

1. 正手削球

（1）正手中台削球

站位：判断来球，选好站位，右脚稍靠前，双膝微屈。

引拍：向后上方引拍，引至右肩上，球拍横立，身体向后转动。

挥拍击球：球拍向前下方挥动，在腰的侧部击球，击球时选择球的下降前期，摩擦球的中下部。触球时用腰带臂一同发力，身体重心向前下方移动。

还原：球拍向前送出，然后还原。

🏓 小常识：正手中台削球的技术要点

正手中台削球的特点是旋转比较强，控制范围比较大。

身体重心要随挥拍向前压，以控制击球的弧线。

通过手腕来控制击球的旋转。

站位

引拍

挥拍击球

还原

（2）正手远台削球

站位：判断来球，降低重心。

引拍：向后引拍，拍形横立。身体重心下降，左脚向前迈出，拍形后仰。

挥拍击球：向前下方挥拍，击球点在身体的侧前方，摩擦球的中下部，击球的下降后期。

站位

引拍

还原：球拍向前下方继续挥动，迅速还原。

 **小常识：正手远台削球的技术要点**

身体重心要随挥拍向前压，以控制击球的弧线。
通过手腕来控制击球的旋转。

挥拍击球   还原

2. 反手削球

反手削球可以充分运用腰部的力量，横拍削球结合使用不同的胶皮，可以实现回球的旋转变化。

（1）反手中台削球

站位：判断来球，右脚稍前，双膝微屈。

引拍：球拍随腰的动作向后上方引，拍形横立，当引至肩上方时，拍形稍后仰，身体重心移至左脚。

站位

挥拍击球：手臂向前下方挥，同时转腰，在身体侧前方击球的中下部，球拍向前外侧挥，触球时发力要集中。

还原：击球过后，迅速还原。

 小常识：反手中台削球技术的技术要点

身体重心要随挥拍向前压，以控制击球的弧线。
通过手腕来控制击球的旋转。

引拍

挥拍击球

（2）反手远台削球

站位：判断来球，身体前移，重心开始下降。

引拍：球拍随腰的动作向后上方引，拍形横立，引至头外侧上方时拍面稍后仰，身体重心移至左脚。

挥拍击球：手臂向前下方挥的同时转腰，在身体侧前方击球的中下部，球拍向前、向外挥，触球时发力要集中。

引拍

还原：完成击球动作后，迅速还原。

身体重心要随挥拍向前压，以控制击球的弧线。
通过手腕来控制击球的旋转。

挥拍击球

TABLE TENNIS

第11部分　弧圈球技术

弧圈球是现代乒乓球运动中最主流的进攻技术，突出特点是旋转与速度的不断融合，攻击力度大、技术稳健性强。

1. 正手弧圈球

站位：两脚开立，左脚在前，右脚稍靠后，收腹、含胸、屈膝，身体稍向前倾，重心落在两脚之间，右肩略下沉。

引拍：腰、髋向右转动，重心置于右脚的前脚掌上，右腿屈膝幅度加大，前臂自然下垂，通过转腰带动大臂，前臂向侧后引拍。

挥拍击球：以右脚为轴，腰部带动大臂向左转动，与此同时迅速收缩前臂。前臂向左上方挥动，拍形前倾，摩擦来球的中上部。

还原：手臂继续顺势挥动，身体重心移到左脚上，然后迅速还原。

小常识：正手弧圈球的技术要点

击球时，手腕不能晃动太大，要相对固定，直握拍时还应注意避免吊腕。

来球下旋强烈时，可在下降期触球，这样更容易通过摩擦来制造回球弧线。

在爆冲弧圈球时，应提前至高点期或上升期击球。

横拍正手弧圈球

站位

引拍

挥拍击球

还原

119

直拍正手弧圈球

站位

引拍

挥拍击球

还原

2. 反手弧圈球

反手弧圈球的技术特点是出手速度快、落点变化隐蔽，既可以直接得分，又可以主动上手进攻。

站位：两脚开立，右脚在前，左脚稍后，收腹、含胸、屈膝，身体稍前倾，重心落在两脚之间。

引拍：腰、髋向右转动，重心置于左脚前脚掌，左腿屈膝幅度加大，前臂自然放松，通过转腰带动大臂，再将力传递到前臂向侧后方引拍。

挥拍击球：以左脚为轴，腰部带动大臂向右转动，当上身接近球台时，迅速收缩前臂。前臂向右上方外展，保持住拍形

（1）横拍反手弧圈球

站位   引拍

摩擦来球的中上部。

　　还原：手臂继续顺势挥动，身体重心移到右脚上，迅速还原。

小常识：反手弧圈球的技术要点

　　引拍至腹前，球拍要略低于台面。

　　手腕略屈使拍面前倾，肘部自然向前支出。

　　发力时肘部相对固定，主要以腰带动前臂向上方发力，注意避免过于向上发力而导致的重心后坐。

挥拍击球　　　　　　　　　　　　　还原

（2）直拍反手弧圈球

站位

引拍

挥拍击球

TABLE TENNIS

第12部分 反弹球技术

反弹球技术是由乒乓球把手推拨技术发展出来的，是具有一定杀伤力的进攻性技术。

1. 直拍反手反弹球

直拍反手反弹球的技术特点是出手速度快，技术的突然性强，是反手位快速处理机会球的有效技术。

站位：判断来球，调整好击球位置。

引拍：肘关节前顶，前臂后引至胸腹前，略含胸，球拍略向外撇，食指压住球拍，中指盯住底板。

挥拍击球：球拍向前挥动，在来球的高点期，以肘关节为轴，通过前臂和手腕的弹击力量击球的中部。

还原：击球后迅速还原。

小常识：直拍反手反弹球的技术要点

引拍位置比较高。

肘关节必须前顶，球拍略向外撇。

要用弹击的方式发力。

站位

引拍

挥拍击球

2. 横拍反手弹击

站位：判断来球，调整好击球位置。

引拍：肘关节前顶，前臂后引至胸腹前，略含胸，球拍略向外撇，拇指压住球拍。

站位

引拍

挥拍击球：球拍向前挥动，在来球的高点期，以肘关节为轴，通过前臂和手腕的弹击力量击球的中部。

还原：击球后迅速还原。

挥拍击球

TABLE TENNIS

第13部分 杀高球技术

　　杀高球是处理高球和半高球的有效技术。对于杀高球而言，直拍、横拍在技术上的要求是一致的。

　　站位：判断来球，调整好击球位置。

　　引拍：球拍向后上方引，转腰，重心右移。

　　挥拍击球：在头的前上方击球，拍向前下方挥，击球时手腕下压，身体重心同时向左移。

　　还原：注意保持身体平衡并迅速还原。

小常识：杀高球的技术要点

　　判断来球的高度，做好引拍。

　　注意用好身体的力量。

站位、引拍

挥拍击球

TABLE TENNIS
第14部分 挑打技术

挑打是一种主动处理台内球的技术。在当今乒乓球竞赛中，运动员普遍采用以近网短球控制为主的战术策略来控制对方的进攻，并为自己的进攻创造条件。因此，台内挑打技术已经成为抢先上手进攻的重要手段。它的动作幅度小，出手和球速快，突然性强，既可以在接发球时使用，也可以在摆脱控制过程中使用。

1.正手挑打

横拍正手挑打和直拍正手挑打技术相似，只是握拍的方式不同。

步法移动和选位：通常使用单步和跨步，迈出右脚，使身体向右前靠近球台。

引拍：拍面略向外侧撇并略微引拍，拍形立起。

挥拍击球：利用身体的前迎增加挥拍速度。拍向下伸，击球前再向上挥。在来球的高点期击球，触球时，手腕发力挑打球的中部。

还原：由于身体过于贴近球台，在挥拍击球后要注意身体快速还原。

步法移动快速，选位合理。

动作要适当放松，尤其是腕关节的肌肉，更要适当放松。

击球发力要突然，力量要集中。

横拍正手挑打

引拍

挥拍击球

直拍正手挑打

引拍

挥拍击球

2. 横拍反手挑打

步法移动和选位：用单步使右脚前交叉，使身体靠近球台，找好击球位置。

引拍：球拍略后引，向台内伸去，拍面稍后仰，手腕稍下垂，肘关节略前顶。

挥拍击球：利用身体前迎的力量挥拍，击球以肘关节为轴，在来球的高点期击球的中上部，击球时以手腕发力为主，动作

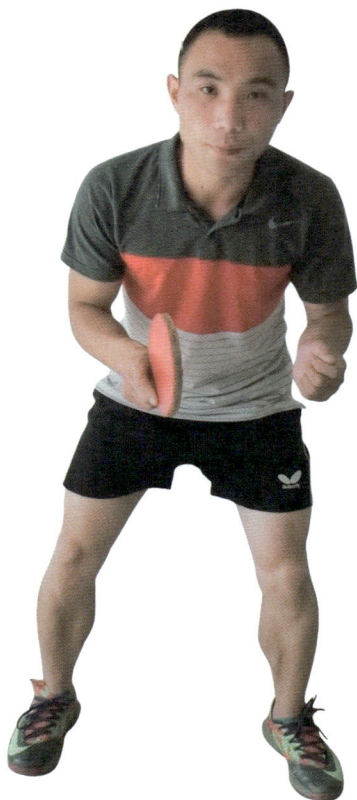

引拍

要干净有力。

　　还原：击球后快速还原。

🏓 **小常识：横拍反手挑打的技术要点**

身体前迎要及时合理。
手腕要适当放松，以弹击的方式发力。
力量要集中。

挥拍击球

3. 直拍反手挑打

站位：两脚开立，左脚在前，右脚在后，双膝微屈，收腹，含胸，身体稍前倾。

引拍：眼睛注视来球，右脚上步，同时向左侧前下方引拍。

挥拍击球：挥拍击球时，前臂向前，在台内右前方快速拨球，手臂向前挥动顺势收住。

站位

引拍

挥拍击球

TABLE
TENNIS
第15部分　直拍横打

　　直接横打弥补了传统直拍反手位进攻能力不足的缺陷，是现代乒乓球直拍运动员必须掌握的一项技术。

　　握拍：相对于通常的直拍握法而言，运用横打时拇指要往里握得深一点，适度用力压拍，而食指则略为上移至球拍边缘处，稍微放松，使球拍背面前倾，握拍不能太紧，以免影响拍形的调节，其余三指在拍子的另一侧略微伸开一些，这样有利于发力和稳定拍形。

　　站位：上身重心放低，一脚在前，另一脚在后，前臂抬起，自然放松。

　　引拍：腰部左转，带动手臂引拍，前臂及手腕内收。

　　挥拍击球：向右转腰，带动手臂自然迎前，在来球的上升期向前上方击球，击球瞬间，前臂及手腕向外展，触球中上部。

站位

139

引拍

挥拍击球

TABLE
TENNIS

双打技术篇

TABLE TENNIS
第1部分 双打的比赛规则

（1）发球

在双打中，球应先后触及发球员和接发球员的右半区。如果裁判员对运动员发球的合法性有怀疑，在一场比赛中第一次出现时，判重发球，并警告发球方。此后，裁判员对该运动员或其双打同伴发球的合发性再次怀疑，将判接发球方得1分。

（2）比赛次序

在双打中，首先由发球员发球，再由接法球员还击，然后由发球员的同伴还击，再由接发球员的同伴还击，此后，运动员按此次序轮流还击。

（3）计分

除被判重发球的回合，下列情况运动员得1分：

1）双打时，对方运动员击球次序错误。

2）一局比赛中，先得11分的一方为胜方。

3）10平后，先多得2分的一方为胜方。

（4）发球、接发球和方位的次序

1）发球。在获得每2分之后，接发球方即成为发球方，依此类推，直至该局比赛结束；或者直至双方比分都达到10分或实行轮换发球法，这时发球和接发球次序不变，但每人只轮发1

分球。

2）确定发球员。在双打的第一局比赛中，先发球方确定第一发球员，再由接发球方确定第一接发球员。在以后的各局比赛中，第一发球员确定后，第一接发球员应是前一局发球给他的运动员。在双打中，每次换发球时，前面的接发员应成为发球员，前面发球员的同伴应成为接发球员。一局中首先发球的一方，在该场下一局应首先接发球。

3）决胜局位置变化。在双打决胜局中，当一方先得5分时，接发球方应交换接发球次序。一局中，在某一方位比赛的一方，在该场下一局应换到另一方位。在决胜局中，一方先得5分时，双方应交换方位。

特别提示：双打比赛如遇到比分是5∶1或5∶3时，交换方位后，原发球员变成接发球员；原接发球员变成发球员。

（5）发球、接发球次序和方位的错误

裁判员一旦发现发球、接发球次序错误，应立即暂停比赛，并按该场比赛开始时确立的次序，按场上比分由应发球或接发球的运动员发球或接发球；在双打中，则按发现错误时那一局中首先有发球权的一方所确立的次序进行纠正，继续比赛。裁判员一旦发现运动员应交换方位而未交换时，应立即暂停比赛，并按该场比赛开始时确立的次序，按场上比分运动员应站的正确方位进行纠正，再继续比赛。

特别提示

在任何情况下，发现错误之前的所有得分均有效。

TABLE TENNIS
第2部分　双打的配对原则

　　合理的配对是打好双打的重要条件之一。双打的配对，主要应以同伴的打法类型和技术特点来考虑。双打的配对还要相对稳定，以便加强同伴间的了解，有利于练习或比赛时密切配合。常见的双打配对有：

配对原则	组合优势	配对方式
相同打法配对	风格接近，有利于共同发挥技术	1）左排右攻打法的配对 2）两面攻打法的配对 3）快攻结合弧圈打法的配对 4）弧圈打法的配对 5）削攻结合打法的配对 6）长胶拍打法的配对
不同打法配对	充分发挥两人的技术特长，增加对方回接球的难度	1）左推右攻打法和两面攻打法配对 2）快攻打法与弧圈打法或快攻结合弧圈打法配对 3）快攻打法和削攻结合打法配对 4）弧圈结合快攻打法和削攻结合打法配对 5）快攻结合弧圈打法和削攻结合打法配对
前后站位配对	便于击球时各自移动位置互不碰撞，技术上也可互相取长补短	近台快攻打法和中台弧圈打法配对 近台快攻打法和攻削结合打法配对
左右握拍配对	站位一左一右，可缩小移动范围，避免跑位时相互碰撞，能充分发挥各自正手攻（拉）球的威力	各种配对方法，都可以分别选左、右手持拍者配对，正手进攻能力较强的打法和选手采用这种配对方法最有利

TABLE TENNIS

第3部分　双打的站位原则

站位方式	适用配对类型	发球方法	接发球方法
平行站位	一左一右执拍的进攻型选手	发球员站立偏右，让出3/4的空间给同伴	进攻型选手用反手接发球时常采用此种站位方式
前后站位	削球型选手	发球员站位偏右稍前，其同伴居中稍后站立	进攻型选手用正手接发球时，站位近台偏中，有利于正手进攻，其同伴则稍后错位站立；削球型选手，无论用正、反手接发球，均以前后站位为宜

TABLE TENNIS

第4部分　双打的移动方法

移动类型	适用配对类型	移动方法
"八"形移动	一左、一右握拍配对	两人站在各自的反手位上，击球时用侧身抢攻的方法争取主动
"T"形移动	快攻型打法与弧圈球打法配对	快攻型选手站位近台向左右移动，弧圈球打法选手站位稍远作前后移动
环形移动	两个右手握拍的快攻型选手配对	两人不断向右斜后方或左斜后方让位移动，等同伴击完球后，又向前上方补位移动

TABLE TENNIS

第5部分　双打的攻防战术

双打的战术与单打基本相同，但特别强调同伴之间的配合，尤其是前三板的配合。此外，在战术运用中，还可以考虑到对方要二人轮流接发球的特点，制定相应的战术。

（1）发球抢攻战术

发球情况	抢攻注意事项	对方情况	应对战术
发近网下旋转与不转或侧上、下旋球	特别注意落点	1）对方右手接发球 2）对方左手接发球	1）多发中路近网区 2）多发右方近网区
发右侧上旋球	特别注意落点	1）对方右手接发球 2）对方左手接发球	1）多发中路底线区 2）多发右方底线区

（2）接发球抢攻战术

对方情况	应对战术
站在右半台发球	抢攻对方右侧大角度，使对方接球者向右方跨步接球，造成步法的混乱
接球者过早向右移动	过早向右移动说明对方已经做好准备接右方斜线球，可向对方左侧攻击，造成对方向左返回击球的困难

（3）相持时的战术

对方情况	应对战术
对方两人均为右手直拍	先连压对方较弱一人的反手大角，再转攻正手大角或攻追身球
对方两人为一左、一右直拍	连压对方右手握拍者的反手大角，使其不能侧身，再转攻正手大角或攻追身球
对方两人均为右手横拍	连压离接球者较远一侧的大角，结合突击追身球
对方两人为一左、一右横拍	攻击对方较弱一人的较远侧大角，或攻击追身球
对方两人为一直拍、一横拍	攻击直拍者的反手大角，攻横拍者中路的追身球，再交替攻两角

TABLE TENNIS 第5部分 双打的攻防战术